Los cielos nocturnos

Variables, expresiones y ecuaciones

Dawn McMillan

Créditos de publicación

Editora
Sara Johnson

Directora editorial
Dona Herweck Rice

Editora en jefe
Sharon Coan, M.S.Ed.

Directora creativa
Lee Aucoin

Editora comercial
Rachelle Cracchiolo, M.S.Ed.

Créditos de imagen

La autora y los editores desean agradecer y reconocer a quienes otorgaron su permiso para la reproducción de materiales protegidos por derechos de autor: portada NASA; pág. 1 NASA; pág. 3 Shutterstock; pág. 4 Photolibrary.com/David Parker; pág. 5 Photolibrary.com/Julian Baum; pág. 6 Photolibrary.com/Martin Kornmesser; pág. 7 Photolibrary.com/Gerard Fritz; pág. 8 Photolibrary.com; pág. 9 Photolibrary.com/Chris Butler; pág. 10 NASA, Shutterstock (fondo); pág. 11 Photolibrary.com/Eckhard Slawik; pág. 12 NASA; pág. 13 (izquierda) Alamy, (derecha) Big Stock Photo; pág. 14 Photolibrary.com; pág. 15 Photolibrary.com; pág. 16 NASA; pág. 17 NASA; pág. 18 NASA; pág. 19 Photolibrary.com; pág. 20 NASA, (recuadro) Photolibrary.com; pág. 21 Corbis/Tim Klusalaas; pág. 22 Rob Cruse; pág. 23 Shutterstock; págs. 24–26 Rob Cruse; pág. 27 Shutterstock; pág. 29 Shutterstock

Si bien se ha hecho todo lo posible para buscar la fuente y reconocer el material protegido por derechos de autor, los editores ofrecen disculpas por cualquier incumplimiento accidental en los casos en que el derecho de autor haya sido imposible de encontrar. Estarán complacidos de llegar a un acuerdo idóneo con el propietario legítimo en cada caso.

Teacher Created Materials

5301 Oceanus Drive
Huntington Beach, CA 92649-1030
http://www.tcmpub.com
ISBN 978-1-4938-2945-3

Contenido

Una visita al planetario

Anoche, papá y yo visitamos el **planetario**. Un planetario es como un teatro con un gran techo en forma de domo. Allí la gente puede obtener información sobre las estrellas y los planetas. Un proyector especial muestra en el techo imágenes del cielo nocturno.

Papá y yo nos sentamos. De repente, todo estaba oscuro y empezamos nuestro recorrido por el cielo nocturno. Aprendimos que todas las estrellas que vemos en el cielo por la noche forman parte de nuestra **galaxia**. Nuestra galaxia se denomina Vía Láctea. Nuestro **sistema solar** forma parte de la Vía Láctea. Se encuentra en un extremo de la Vía Láctea.

El espectáculo duró 35 minutos. Pero hubo una presentación adicional al terminar el espectáculo. Esa fue una sorpresa divertida.

Disfruté mirar las estrellas de la Vía Láctea en el planetario. Pero lo que más me interesó fue nuestro sistema solar. Un **astrónomo** del planetario me contó más sobre el tema.

EXPLOREMOS LAS MATEMÁTICAS

Las **variables** son letras o símbolos que pueden usarse para **representar** números. Una **expresión** es un conjunto de símbolos o números que representa un número o una cantidad. No tiene un signo igual.

Se puede escribir una expresión para mostrar el número total de los minutos que pasé mirando la presentación en el planetario. Aquí tenemos esta expresión: $35 + x$

a. ¿Qué representa el número 35?

b. ¿Qué representa la x?

Nuestro sistema solar

En el planetario, aprendí que la parte principal de nuestro sistema solar está compuesta por el Sol y 8 planetas. Los planetas son Mercurio, Venus, Tierra, Marte, Júpiter, Saturno, Urano y Neptuno.

En nuestro sistema solar también hay, por lo menos, 3 **planetas enanos** y más de 150 lunas. También hay muchas otras cosas como **asteroides**, **meteoroides** y **cometas**.

¡No es un planeta!

En 1930, los científicos creyeron haber descubierto un nuevo planeta. Lo llamaron Plutón. Pero, en el año 2006, se decidió que Plutón es un planeta enano. No es lo suficientemente grande para ser considerado un planeta.

Sol — Mercurio Venus Tierra Marte Júpiter Saturno Urano Neptur

El Sol y los 8 planetas de nuestro sistema solar

El Sol

El Sol es una estrella enorme que tiene por lo menos 4.6 mil millones de años. Es el centro de nuestro sistema solar.

La **gravedad** del Sol es muy poderosa. Eso significa que cada planeta es atraído hacia el Sol. Al mismo tiempo, el trayecto de cada planeta lo aleja del Sol. El equilibrio entre la fuerza de atracción del Sol y el movimiento de un planeta, hace que el planeta orbite alrededor del Sol.

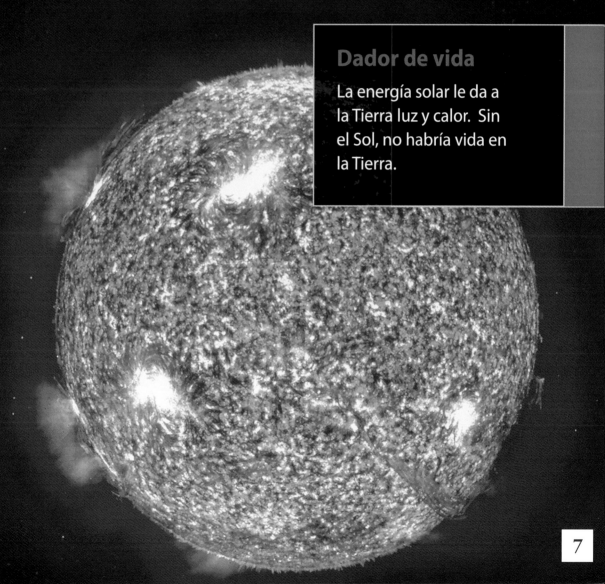

Dador de vida

La energía solar le da a la Tierra luz y calor. Sin el Sol, no habría vida en la Tierra.

Los planetas interiores

Nuestro sistema solar está compuesto por 4 planetas interiores y 4 planetas exteriores. Los planetas interiores son Mercurio, Venus, Tierra y Marte. Los planetas exteriores son Júpiter, Saturno, Urano y Neptuno.

Los planetas interiores son rocosos y tienen superficies sólidas. Muchas veces, son golpeados por asteroides. Estas colisiones generan grandes cráteres en las superficies de estos planetas.

Los planetas interiores de nuestro sistema solar

Sol   Mercurio   Venus   Tierra   Marte

EXPLOREMOS LAS MATEMÁTICAS

En un mes, los astrónomos registraron 8 asteroides que chocaron con Marte. Al mes siguiente, algunos más chocaron con Marte. Escribe una expresión que muestre la cantidad de asteroides que chocaron con Marte en ese período de 2 meses.

Mercurio

Mercurio es el planeta que está más cerca del Sol. Tiene apenas $^1/_3$ del tamaño de la Tierra.

En cualquier planeta, un año es el tiempo que dura el planeta en completar 1 órbita alrededor del Sol. Mercurio orbita rápidamente alrededor del Sol. Mercurio solo dura 88 días terrestres en completar una órbita alrededor del Sol.

En cualquier planeta, un día es el tiempo que se necesita para que este haga 1 **rotación** sobre su eje. Mercurio rota muy despacio. Un día en Mercurio es igual a 176 días en la Tierra. Eso significa que deberías permanecer despierto 176 días en la Tierra para experimentar un día en Mercurio.

Sol

Mercurio

Frío y calor

Las temperaturas en Mercurio pueden llegar hasta los 860 °F (460 °C) y descender a −356 °F (−180 °C).

Venus

Mi planeta favorito es Venus. Venus es el segundo planeta contando a partir del Sol. Tiene el 95 % del tamaño de la Tierra. A veces, se denomina el "planeta hermano" de la Tierra, porque los dos planetas tienen un tamaño similar.

Venus es, en realidad, más caliente que Mercurio, aunque se encuentra a más de 31 millones de millas (50 millones de km) de distancia del Sol. ¡Alcanza temperaturas de 900 °F (482 °C)!

¡Eso es mucho calor!

Una **ecuación** es un enunciado matemático que muestra 2 números o cantidades iguales. Se escribe con un signo igual. Podría escribir una ecuación para averiguar cuánto más caliente es Venus que Mercurio.

$x = 482\ °C - 460\ °C$

¡Venus es 22 °C más caliente que Mercurio!

Sol

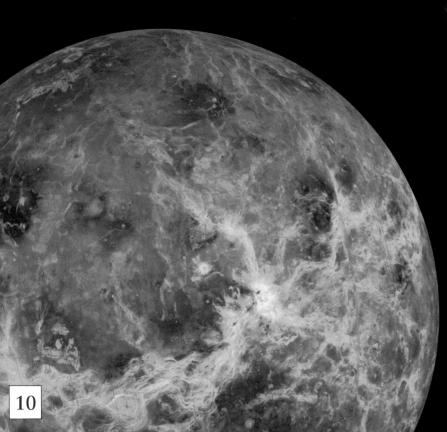

Venus

Venus es el planeta que está más cerca de la Tierra, por eso podemos verlo con nuestros ojos. Parece una estrella brillante. Es lo más brillante en el cielo nocturno, después de la Luna. Algunas veces podemos ver a Venus en el cielo, justo antes del amanecer. Otras veces podemos verlo justo después del atardecer.

En promedio, Venus pasa entre la Tierra y el Sol dos veces cada 121.5 años. Es lo que se conoce como el Tránsito de Venus. Un Tránsito de Venus ocurrió en el año 2004. El siguiente, tuvo lugar el 6 de junio de 2012. Después de eso, no volverá a suceder hasta 2117.

El Tránsito de Venus

Se puede usar la ecuación $2117 - 2012 = y$ para encontrar cuántos años transcurrirán entre estos dos Tránsitos de Venus. En 2012, tenía 15 años. ¿Es probable que esté vivo para ver el Tránsito de Venus en 2117?

Transcurrirán 105 años entre los 2 tránsitos. No es probable que estés vivo.

Sol

Venus

Tierra

La Tierra es el más grande de los planetas interiores. Tiene mucho oxígeno en el aire y el 71 % de su superficie está cubierta de agua. Por eso es el único planeta de nuestro sistema solar en el que es posible la vida; al menos hasta donde sabemos.

La distancia entre el Sol y la Tierra es de alrededor de 93 millones de millas (150 millones de km). Eso es cerca de 2½ veces más lejos de lo que el Sol se encuentra de Mercurio.

¿Qué porcentaje de la Tierra está compuesto de tierra?

Sé que el 71 % de la Tierra está compuesto de agua. Entonces, el resto del planeta Tierra, x, debe estar compuesto de tierra. Puedo representarlo usando la siguiente ecuación: $71\% + x = 100\%$
Puedo averiguar el porcentaje de tierra al hallar x.
$100\% - 71\% = x$
$100\% - 71\% = 29\%$
¡Eso significa que solo el 29 % de la Tierra está compuesto por tierra!

La **atmósfera** de la Tierra está compuesta de 77 % de **nitrógeno** y 21 % de oxígeno. También hay pequeñas cantidades de **dióxido de carbono** y otros gases.

La temperatura de la superficie de la Tierra varía. El polo sur y el polo norte pueden tener temperaturas verdaderamente frías. Por su parte, las temperaturas en algunas zonas desérticas pueden llegar hasta los 134 °F (57 °C).

EXPLOREMOS LAS MATEMÁTICAS

Las capas de hielo en las regiones polares contienen casi el 90 % de toda el agua potable de la Tierra. Se puede usar una ecuación para averiguar el porcentaje de agua potable de la Tierra que no está en las capas de hielo.

Halla x para hacer verdadera esta ecuación matemática: $90 \% + x = 100 \%$

La Tierra rota sobre su eje. Este eje está inclinado. Cuando el polo norte se inclina hacia el Sol, la mayor parte de la luz solar cae en el hemisferio norte. Por eso, es verano en el norte e invierno en el sur. Seis meses después el polo sur se inclina hacia el Sol. Entonces, cambian las estaciones.

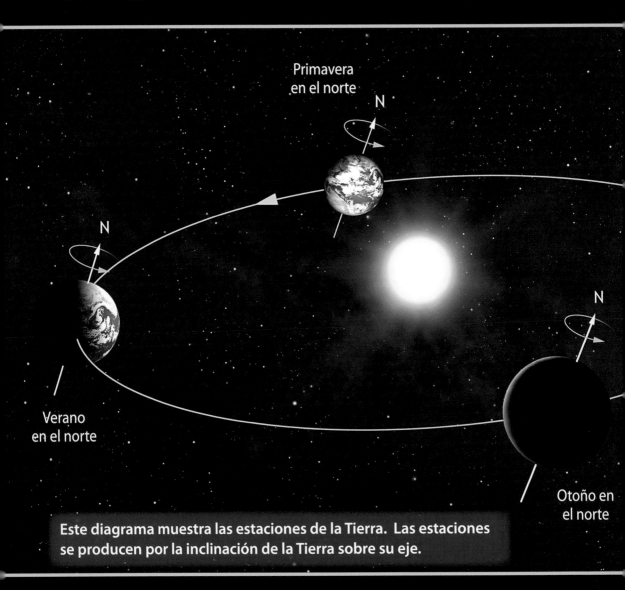

Primavera en el norte

N

N

N

Verano en el norte

Otoño en el norte

Este diagrama muestra las estaciones de la Tierra. Las estaciones se producen por la inclinación de la Tierra sobre su eje.

Marte

Marte es el último planeta del sistema solar interior. Se encuentra a alrededor de 142 millones de millas (229 millones de km) del Sol y a cerca de 49 millones de millas (79 millones de km) de la Tierra.

La superficie de Marte es muy rocosa y está cubierta de suelo rojo. Tiene la montaña más alta de nuestro sistema solar, el Monte Olimpo. La montaña mide 16.8 millas (27 km) de altura, ¡o 3 veces la altura del Monte Everest!

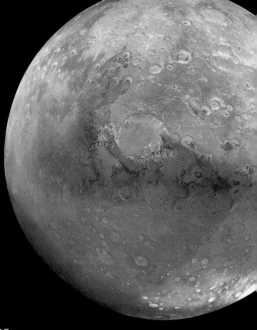

vierno en
el norte   N

¿Cuál es la altura del Monte Everest?

La ecuación
$16.8 \div 3 = x$
me ayudará a averiguarlo.

5.6 millas de altura

Distancia de los planetas interiores respecto al Sol

Planeta	Distancia	
	Millas	Kilómetros
Mercurio	35,983,093	57,909,175
Venus	67,237,912	108,208,930
Tierra	92,955,819	149,597,890
Marte	141,633,262	227,936,640

Los planetas exteriores

En el planetario, también aprendí sobre los planetas exteriores de nuestro sistema solar. Júpiter, Saturno, Urano y Neptuno. Estos planetas se conocen como gigantes gaseosos. Se llaman así porque están compuestos principalmente por gases. Ninguno de estos planetas tiene una superficie sólida, solo una atmósfera gruesa. Esta atmósfera se hace todavía más gruesa a medida que más se acerca al **núcleo** del planeta.

Los planetas exteriores de nuestro sistema solar

Júpiter   Saturno   Urano   Neptuno

Distancia de los planetas exteriores respecto al Sol

Planeta	Distancia	
	Millas	**Kilómetros**
Júpiter	483,682,805	778,412,020
Saturno	886,526,063	1,426,725,400
Urano	1,783,939,419	2,870,972,200
Neptuno	2,795,084,767	4,498,252,899

Júpiter

Júpiter es el planeta más grande de nuestro sistema solar. Aunque se encuentra a cerca de 484 millones de millas (779 millones de km) del Sol, Júpiter es el segundo planeta más brillante de nuestro cielo nocturno. ¡Me sorprendió saber que Júpiter tiene 63 lunas!

Júpiter está compuesto principalmente de gases. Pero es posible que su centro tenga un núcleo pequeño y sólido. La temperatura del núcleo puede ser de unos 54,000 °F (29,982 °C).

Gran Mancha Roja

Tormentas en Júpiter

Una de las más famosas características de Júpiter es su Gran Mancha Roja. Es una enorme tormenta de hasta 28,000 (45,062 km) de ancho por 8,700 millas de (14,001 km) de largo.

Saturno es el segundo planeta más grande del sistema solar. Se encuentra a una distancia aproximada de 887 millones de millas (1,427 millones de km) del Sol. Es famoso por sus espectaculares anillos.

Los vientos de Saturno pueden alcanzar velocidades de hasta 1,100 millas (1,770 km) por hora. ¡Eso es 5 ½ veces más rápido que los tornados más poderosos de la Tierra!

Centro sólido

En el centro de Saturno, encontraríamos un núcleo sólido del tamaño aproximado de la Tierra.

Urano

Urano es mucho más pequeño que Júpiter y Saturno. Sin embargo, es más de 4 veces más grande que la Tierra. Está a casi 1,800 millones de millas (2,897 millones de km) más lejos del Sol que la Tierra.

La temperatura en las nubes de Urano es de −417 °F (−214 °C). Se cree que la temperatura del núcleo es de aproximadamente 12,600 °F (6,982 °C).

EXPLOREMOS LAS MATEMÁTICAS

Al escribir una expresión o ecuación, es importante buscar las palabras clave que indican qué operación usar.

a. El tamaño de Mercurio es cerca de $\frac{1}{3}$ del tamaño de la Tierra. Si el tamaño de la Tierra está representado por e, ¿qué expresión muestra mejor el tamaño de Mercurio?

1. $\frac{1}{3} - e$ **2.** $\frac{1}{3} e$ **3.** $\frac{1}{3} \div e$ **4.** $\frac{1}{3} + e$

b. Urano es aproximadamente 4 veces más grande que la Tierra. Si el tamaño de la Tierra está representado por e, ¿qué expresión muestra mejor el tamaño de Urano?

1. $4 \div e$ **2.** $4 + e$ **3.** $4e$ **4.** $4 - e$

Neptuno

Neptuno es el último de los gigantes gaseosos y el que está más lejos del Sol. Neptuno tarda 165 años terrestres en orbitar alrededor del Sol una vez, porque está a más de 2 mil millones de millas (3 mil millones de km) de distancia.

Neptuno fue descubierto en 1846. ¡No completó la órbita en la que estaba entonces sino hasta 2011!

¿Volcanes fríos?

Tritón, la luna más grande de Neptuno, es el cuerpo más frío que se ha descubierto en el sistema solar hasta ahora. Tiene volcanes que emiten nieve rosada en vez de roca derretida.

Cómo crear un modelo

Mi visita al planetario me dio la idea de crear un modelo del sistema solar. Quería que los planetas de mi modelo estuvieran en proporción con sus tamaños originales. ¡Obviamente, mi modelo no podía ser de tamaño real! Tenía que determinar una **escala**.

Los planetas de nuestro sistema solar

Papá y yo encontramos un gran sitio web en Internet. Muestra el diámetro de cada planeta y del Sol. Encontramos en casa algunas de las cosas que íbamos a necesitar. Luego, compramos los aros, las esferas y el panel de poliestireno en una tienda de manualidades. En poco tiempo ya teníamos todo lo que necesitábamos para nuestro modelo. Pero no pudimos hacer un modelo del Sol. ¡Su diámetro era enorme!

Materiales

- pinturas
- pinceles
- pegamento fuerte
- 2 aros de poliestireno
- esferas de poliestireno
- arcilla para modelar
- alambre (8 trozos)
- 1 panel de poliestireno

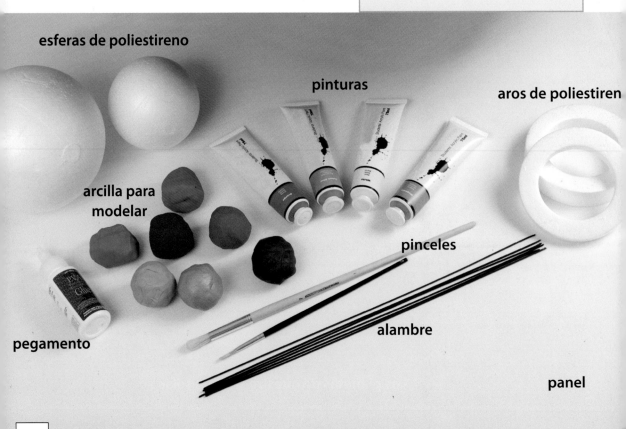

esferas de poliestireno

pinturas

aros de poliestiren

arcilla para modelar

pinceles

pegamento

alambre

panel

Aquí te mostramos la tabla que usamos para asegurarnos de que nuestro modelo fuera proporcional. Nuestra escala nos garantizaba que los planetas estuvieran en proporción respecto a los tamaños originales. Nuestra escala era de 1 mm = 1,000 kilómetros.

Estrella/planeta	Diámetro real (km)	Diámetro reducido de la esfera (mm)	Color
Mercurio	4,900	4.9	gris
Venus	12,100	12.1	naranja
Tierra	12,700	12.7	azul y verde
Marte	6,700	6.7	rojo
Júpiter	142,000	142	blanco
Saturno	120,000	120	azul con líneas rojas y rosadas
Urano	51,800	51.8	rosado
Neptuno	49,500	49.5	azul

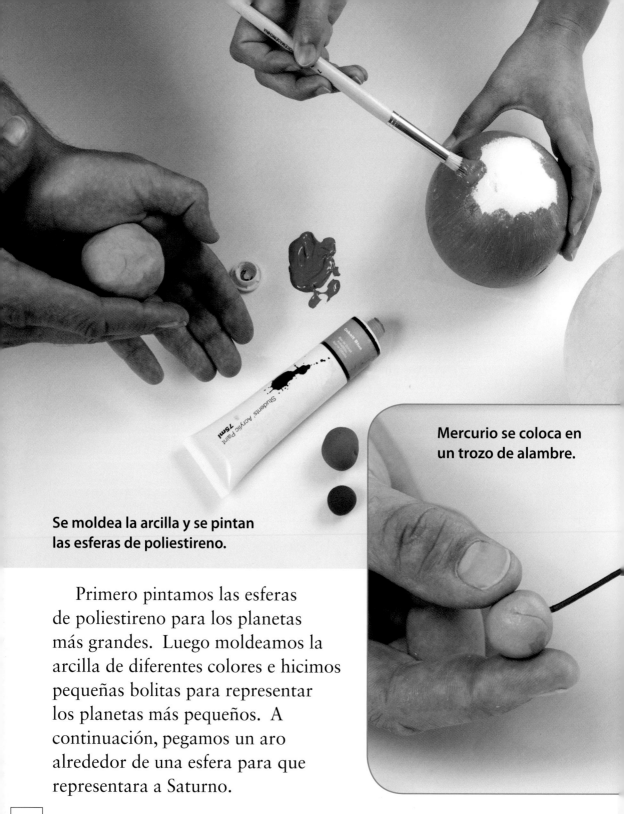

Mercurio se coloca en un trozo de alambre.

Se moldea la arcilla y se pintan las esferas de poliestireno.

Primero pintamos las esferas de poliestireno para los planetas más grandes. Luego moldeamos la arcilla de diferentes colores e hicimos pequeñas bolitas para representar los planetas más pequeños. A continuación, pegamos un aro alrededor de una esfera para que representara a Saturno.

Para armar el modelo, comenzamos con Mercurio. Tomamos un trozo de alambre y lo clavamos a la parte inferior de la bolita de arcilla. Luego, pusimos un poco de pegamento en el otro extremo del alambre y lo pegamos en el panel de poliestireno. El pegamento ayudó a que no se cayera.

Después, ubicamos todos los planetas en las posiciones correspondientes. ¡Realmente se veía como el verdadero sistema solar!

EXPLOREMOS LAS MATEMÁTICAS

Nuestro sistema solar tiene 8 planetas. Papá y yo usamos esferas de poliestireno para representar 2 de los planetas. Haremos el resto de los planetas con arcilla para modelar.

a. Usa la variable *c* para escribir una ecuación que exprese la cantidad de planetas que estarán hechos de arcilla.

b. Resuelve la ecuación que escribiste para el problema **a**.

Cuando todos los planetas estaban ubicados en
el panel y ya se había secado el pegamento, nuestro
modelo estaba terminado. Los tamaños de los planetas
están hechos a escala, ¡pero las distancias entre ellos no!

Iba a poner el modelo en mi habitación. Pero a papá
le gusta tanto, que lo pusimos sobre la mesa de la sala
de estar. ¡Se ve maravilloso!

Fue muy divertido aprender sobre el sistema solar. Creo que cuando crezca me gustaría ser astrónomo.

Mientras tanto, quiero seguir aprendiendo sobre nuestro sistema solar.

Una galaxia en espiral

Descubrimiento espacial

Los astrónomos acaban de descubrir un nuevo sistema solar en una galaxia lejana. Tiene seis planetas que orbitan alrededor de un sol. Algunos planetas tienen, aproximadamente, el tamaño de la Tierra. Otros son mucho más grandes. Y este nuevo sistema solar tiene un total combinado de 30 lunas.

A la tabla a continuación le falta parte de la información actual que los astrónomos recolectaron sobre este nuevo sistema solar.

Los planetas del nuevo sistema solar

Nombre del planeta	Diámetro aproximado (millas)	Cantidad de lunas
Zenner	z	1
Xenox	3,000	x
Axiom	a	2
Centaur	75,000	c
Yukka	36,000	17

¡Resuélvelo!

Para cada una de las preguntas a continuación, escribe ecuaciones matemáticas usando variables que te ayuden a encontrar las respuestas.

a. Xenox tiene 15 lunas menos que Yukka. ¿Cuántas lunas tiene Xenox?

b. Centaur tiene 6 lunas más que Axiom. ¿Cuántas lunas tiene Centaur?

El diámetro de Centaur es 68,500 millas más grande que el diámetro de Zenner. El diámetro de Axiom y el de Xenox suman un total de 4,000 millas.

c. ¿Cuáles son los diámetros de los planetas Zenner y Axiom?

Usa los pasos a continuación para resolver los problemas planteados más arriba.

Paso 1: Usa la información de la tabla para escribir la pregunta **a.** como una ecuación matemática. Luego, resuelve la ecuación.

Paso 2: Usa la información de la tabla para escribir la pregunta **b.** como una ecuación matemática. Luego, resuelve la ecuación.

Paso 3: Usa la información de la tabla y la pregunta **c.** de arriba para escribir ecuaciones matemáticas. Luego, resuelve tus ecuaciones.

Glosario

asteroides: pedazos de roca que quedaron tras la formación del sistema solar hace unos 4.6 mil millones de años

astrónomo: una persona que estudia los objetos y la materia fuera de la atmósfera de la Tierra

atmósfera: la masa de gases que rodea a un planeta

cometas: cuerpos celestes brillantes con colas de nubes, que se mueven en una órbita alrededor de un sol

dióxido de carbono: un tipo de gas invernadero que se forma de manera natural por el impacto de las actividades humanas

ecuación: un enunciado matemático que muestra 2 números o cantidades iguales; se escribe con un signo igual

escala: la proporción entre el tamaño del dibujo y lo que está representado

expresión: un grupo de símbolos o números que representan un número o cantidad; una frase matemática sin el signo igual

galaxia: un grupo masivo de estrellas, polvo y gas que se mantiene unido por la gravedad

gravedad: una fuerza que genera atracción entre distintas partes

meteoroides: material similar a la piedra o el metal que viaja por el espacio

nitrógeno: un tipo de gas incoloro

núcleo: la parte central de un planeta o una estrella

planetario: un lugar donde las imágenes del sistema solar se proyectan en un techo especial

planetas enanos: objetos en el espacio, como Plutón, que orbitan alrededor del Sol y son similares, aunque más pequeños, a los planetas del sistema solar

representar: ocupar el lugar de; significar

rotación: el acto de girar o rotar sobre un eje o un centro

sistema solar: la parte del espacio que está compuesta por todos los planetas que orbitan alrededor del Sol e incluye las lunas, los cometas, los asteroides y los meteoroides

variables: símbolos o letras que representan valores desconocidos

Índice

Exploremos las matemáticas

Página 5:

a. 35 representa la cantidad de minutos del espectáculo original.

b. *X* representa la cantidad de minutos que duró la presentación adicional.

Página 8:

$8 + x$

Página 13:

$90\,\% + x = 100\,\%$

$x = 10\,\%$, entonces el 10 % del agua potable de la Tierra no está en las capas de hielo.

Página 19:

a. 2. $\frac{1}{3}\,e$

b. 3. $4\,e$

Página 25:

a. $2 + c = 8$

b. $2 + c = 8$

$8 - 2 = c$

$c = 6$

6 planetas estarán hechos de arcilla.

Actividad de resolución de problemas

a. $17 - 15 = x$

$17 - 15 = 2$ lunas

Xenox tiene 2 lunas.

b. $2 + 6 = c$

$2 + 6 = 8$ lunas

Centaur tiene 8 lunas.

c. $75{,}000 - 68{,}500 = z$

$75{,}000 - 68{,}500 = 6{,}500$ millas de diámetro

Zenner tiene un diámetro de 6,500 millas.

$3{,}000 + a = 4{,}000$

$4{,}000 - 3{,}000 = a$

$4{,}000 - 3{,}000 = 1{,}000$ millas de diámetro

Axiom tiene un diámetro de 1,000 millas.